幼兒 三字經 念謠

59首生動活潑的歌謠，快樂念唱古人智慧結晶！

風車圖書
WINDMILL

目錄

人ㄖㄣ 之ㄓ 初ㄔㄨ

性本善、性相近、習相遠…

人ㄖㄣ 之ㄓ 初ㄔㄨ 性ㄒㄧㄥ 本ㄅㄣ 善ㄕㄢ

性ㄒㄧㄥ 相ㄒㄧㄤ 近ㄐㄧㄣ 習ㄒㄧ 相ㄒㄧㄤ 遠ㄩㄢ

苟ㄍㄡ 不ㄅㄨ 教ㄐㄧㄠ 性ㄒㄧㄥ 乃ㄋㄞ 遷ㄑㄧㄢ

教ㄐㄧㄠ 之ㄓ 道ㄉㄠ 貴ㄍㄨㄟ 以ㄧ 專ㄓㄨㄢ

【語文小博士】人出生時，本性都是善良的，因環境的不同，長大後就有了差異。小時候不教好，善良的本性就會改變，所以教導孩子最重要是專心一致。

昔 ㄒㄧˊ 孟 ㄇㄥˋ 母 ㄇㄨˇ

擇鄰處、子不學、斷機杼…

昔ㄒㄧ 孟ㄇㄥ 母ㄇㄨˇ 擇ㄗㄜˊ 鄰ㄌㄧㄣ 處ㄔㄨˇ

子ㄗˇ 不ㄅㄨˋ 學ㄒㄩㄝˊ 斷ㄉㄨㄢˋ 機ㄐㄧ 杼ㄓㄨˋ

竇ㄉㄡˋ 燕ㄧㄢ 山ㄕㄢ 有ㄧㄡˇ 義ㄧˋ 方ㄈㄤ

教ㄐㄧㄠˋ 五ㄨˇ 子ㄗˇ 名ㄇㄧㄥˊ 俱ㄐㄩ 揚ㄧㄤˊ

【語文小博士】孟母為了替孟子選擇學習環境而多次搬遷，她也讓孟子知道，中斷學習便會前功盡棄。竇燕山教孩子有方法，五個孩子都能夠名揚天下。

養一尢ˇ不ㄅㄨˋ教ㄐㄧㄠˋ

父之過、教不嚴、師之惰…

養_{ㄧㄤ}不_{ㄅㄨ}教_{ㄐㄧㄠ} 父_{ㄈㄨ}之_ㄓ過_{ㄍㄨㄛ}

教_{ㄐㄧㄠ}不_{ㄅㄨ}嚴_{ㄧㄢ} 師_ㄕ之_ㄓ惰_{ㄉㄨㄛ}

子_ㄗ不_{ㄅㄨ}學_{ㄒㄩㄝ} 非_{ㄈㄟ}所_{ㄙㄨㄛ}宜_ㄧ

幼_{ㄧㄡ}不_{ㄅㄨ}學_{ㄒㄩㄝ} 老_{ㄌㄠ}何_{ㄏㄜ}為_{ㄨㄟ}

【語文小博士】養孩子卻不去教育是父親的過錯；沒有嚴格教好學生是老師的不對。小時候不認真學習是不應該的；幼年時不學習，長大後能有什麼作為？

玉ㄩˋ不ㄅㄨˋ琢ㄓㄨㄛˊ

不成器、人不學、不知義…

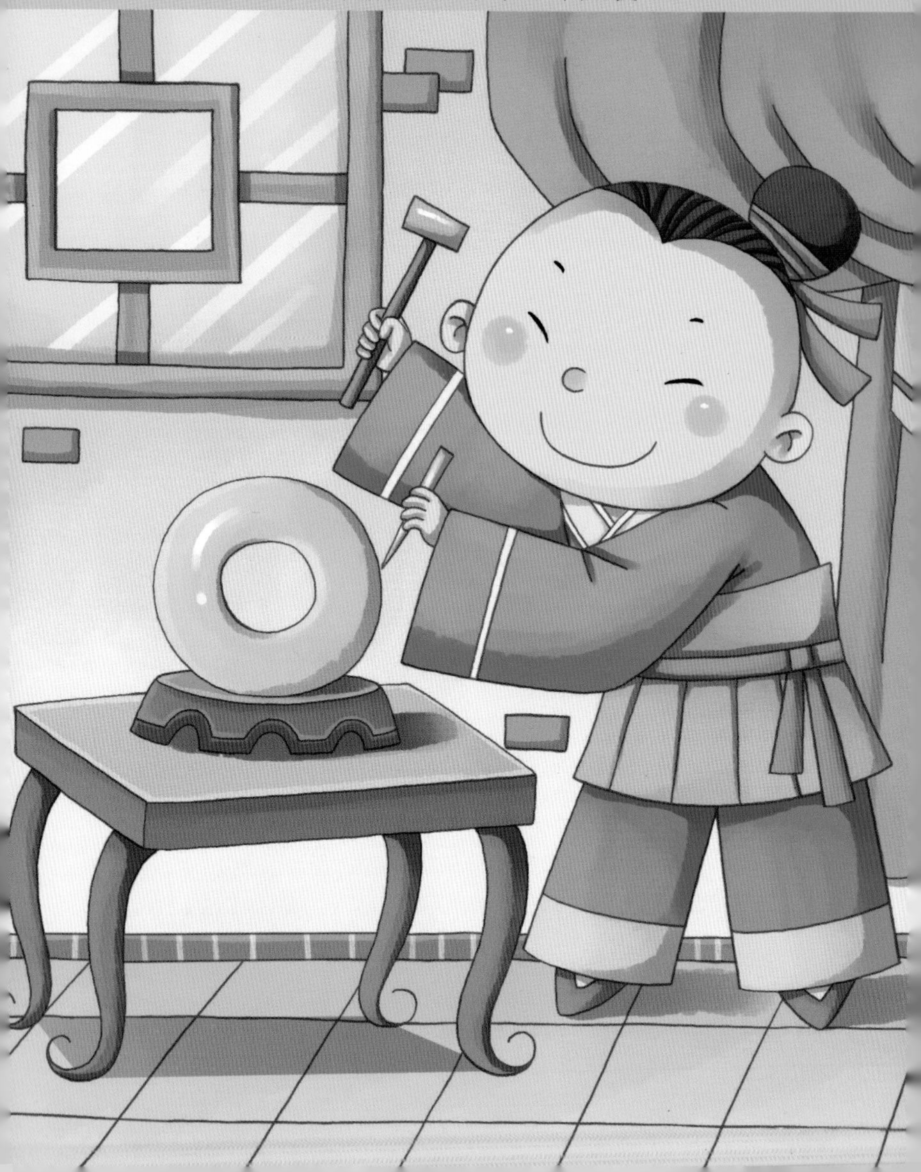

玉（ㄩˋ）不（ㄅㄨˋ）琢（ㄓㄨㄛˊ）　不（ㄅㄨˋ）成（ㄔㄥˊ）器（ㄑ一ˋ）

人（ㄖㄣˊ）不（ㄅㄨˋ）學（ㄒㄩㄝˊ）　不（ㄅㄨˋ）知（ㄓ）義（一ˋ）

為（ㄨㄟˊ）人（ㄖㄣˊ）子（ㄗˇ）　方（ㄈㄤ）少（ㄕㄠˋ）時（ㄕˊ）

親（ㄑ一ㄣ）師（ㄕ）友（一ㄡˇ）　習（ㄒ一ˊ）禮（ㄌ一ˇ）儀（一ˊ）

【語文小博士】玉石沒有琢磨，不會成為貴重的器物；
人不學習，就不懂做人的道理。做人子弟的，小時
候就應該親近老師和朋友，從中學習做人的禮儀。

香 ㄒㄧㄤ 九 ㄐㄧㄡˇ 齡 ㄌㄧㄥˊ

能溫席、孝於親、所當執…

香ㄒㄧㄤ 九ㄐㄧㄡˇ 齡ㄌㄧㄥˊ 　能ㄋㄥˊ 溫ㄨㄣ 席ㄒㄧˊ

孝ㄒㄧㄠˋ 於ㄩˊ 親ㄑㄧㄣ 　所ㄙㄨㄛˇ 當ㄉㄤ 執ㄓˊ

融ㄖㄨㄥˊ 四ㄙˋ 歲ㄙㄨㄟˋ 　能ㄋㄥˊ 讓ㄖㄤˋ 梨ㄌㄧˊ

弟ㄊㄧˋ 於ㄩˊ 長ㄓㄤˇ 　宜ㄧˊ 先ㄒㄧㄢ 知ㄓ

【語文小博士】黃香九歲時就知道在天冷時先替父親暖被子，孝順是子女應盡本分。孔融四歲時，就會把大的梨子讓給兄長吃，尊敬兄長是要先懂的道理。

首 ㄕㄡˇ 孝 ㄒㄧㄠˋ 弟 ㄊㄧˋ

次見聞、知某數、識某文…

19

首ㄕㄡˇ 孝ㄒㄧㄠˋ 弟ㄊㄧˋ　　次ㄘˋ 見ㄐㄧㄢˋ 聞ㄨㄣˊ

知ㄓ 某ㄇㄡˇ 數ㄕㄨˋ　　識ㄕˋ 某ㄇㄡˇ 文ㄨㄣˊ

一ㄧ 而ㄦˊ 十ㄕˊ　　十ㄕˊ 而ㄦˊ 百ㄅㄞˇ

百ㄅㄞˇ 而ㄦˊ 千ㄑㄧㄢ　　千ㄑㄧㄢ 而ㄦˊ 萬ㄨㄢˋ

{語文小博士} 首先，要從孝順父母，以及友愛兄弟做起，其次是學習一般常識、了解數學及好文章。一到十是基本的數字，接著是一百、一千、一萬。

三ㄙㄢ才ㄘㄞˊ者ㄓㄜˇ

三ㄙㄢ才ㄘㄞˊ者ㄓㄜˇ　天ㄊㄧㄢ地ㄉㄧˋ人ㄖㄣˊ

三ㄙㄢ光ㄍㄨㄤ者ㄓㄜˇ　日ㄖˋ月ㄩㄝˋ星ㄒㄧㄥ

三ㄙㄢ綱ㄍㄤ者ㄓㄜˇ　君ㄐㄩㄣ臣ㄔㄣˊ義ㄧˋ

父ㄈㄨˋ子ㄗˇ親ㄑㄧㄣ　夫ㄈㄨ婦ㄈㄨˋ順ㄕㄨㄣˋ

〔語文小博士〕天、地、人是組成世界的要素；日、月和星星是光線的來源。三綱是君臣間的言行要合乎義理、父子間能相親相愛、夫婦間必須和睦相處。

曰 春 夏

ㄩㄝ ㄔㄨㄣ ㄒㄧㄚ

曰秋冬、此四時、運不窮⋯

曰（ㄩㄝ）春（ㄔㄨㄣ）夏（ㄒㄧㄚ）　曰（ㄩㄝ）秋（ㄑㄧㄡ）冬（ㄉㄨㄥ）

此（ㄘˇ）四（ㄙ）時（ㄕˊ）　運（ㄩㄣ）不（ㄅㄨ）窮（ㄑㄩㄥ）

曰（ㄩㄝ）南（ㄋㄢ）北（ㄅㄟ）　曰（ㄩㄝ）西（ㄒㄧ）東（ㄉㄨㄥ）

此（ㄘˇ）四（ㄙ）方（ㄈㄤ）　應（ㄧㄥ）乎（ㄏㄨ）中（ㄓㄨㄥ）

【語文小博士】春夏秋冬是一年四季的名稱，季節不斷
運行，無窮無盡。東西南北叫做四方，這四方都要
以中央為基準，才能夠辨別出正確的方向。

曰（ㄩㄝ）水（ㄕㄨㄟˇ）火（ㄏㄨㄛˇ）

木金土、此五行、本乎數…

曰ㄩㄝ水ㄕㄨㄟˇ火ㄏㄨㄛˇ　木ㄇㄨˋ金ㄐㄧㄣ土ㄊㄨˇ

此ㄘˇ五ㄨˇ行ㄒㄧㄥˊ　本ㄅㄣˇ乎ㄏㄨ數ㄕㄨˋ

十ㄕˊ干ㄍㄢ者ㄓㄜˇ　甲ㄐㄧㄚˇ至ㄓˋ癸ㄍㄨㄟˇ

十ㄕˊ二ㄦˋ支ㄓ　子ㄗˇ至ㄓˋ亥ㄏㄞˋ

{語文小博士} 金木水火土，是五種構成萬物的基本物質。甲乙丙丁戊己庚辛壬癸，以及子丑寅卯辰巳午未申酉戌亥，都是古時候計算時間的方法。

日ㄖㄜˋ黃ㄏㄨㄤˊ道ㄉㄠˋ

日所躔、日赤道、當中權…

曰黃道　日所躔

曰赤道　當中權

赤道下　溫暖極

我中華　在東北

{語文小博士} 黃道是太陽運行天空的軌道；赤道是地球的中線，分南北兩半球。赤道附近的氣候特別炎熱，而我國的位置就在北半球的東邊。

曰（ㄩㄝˋ）江（ㄐㄧㄤ）河（ㄏㄜˊ）

曰淮濟、此四瀆、水之紀⋯

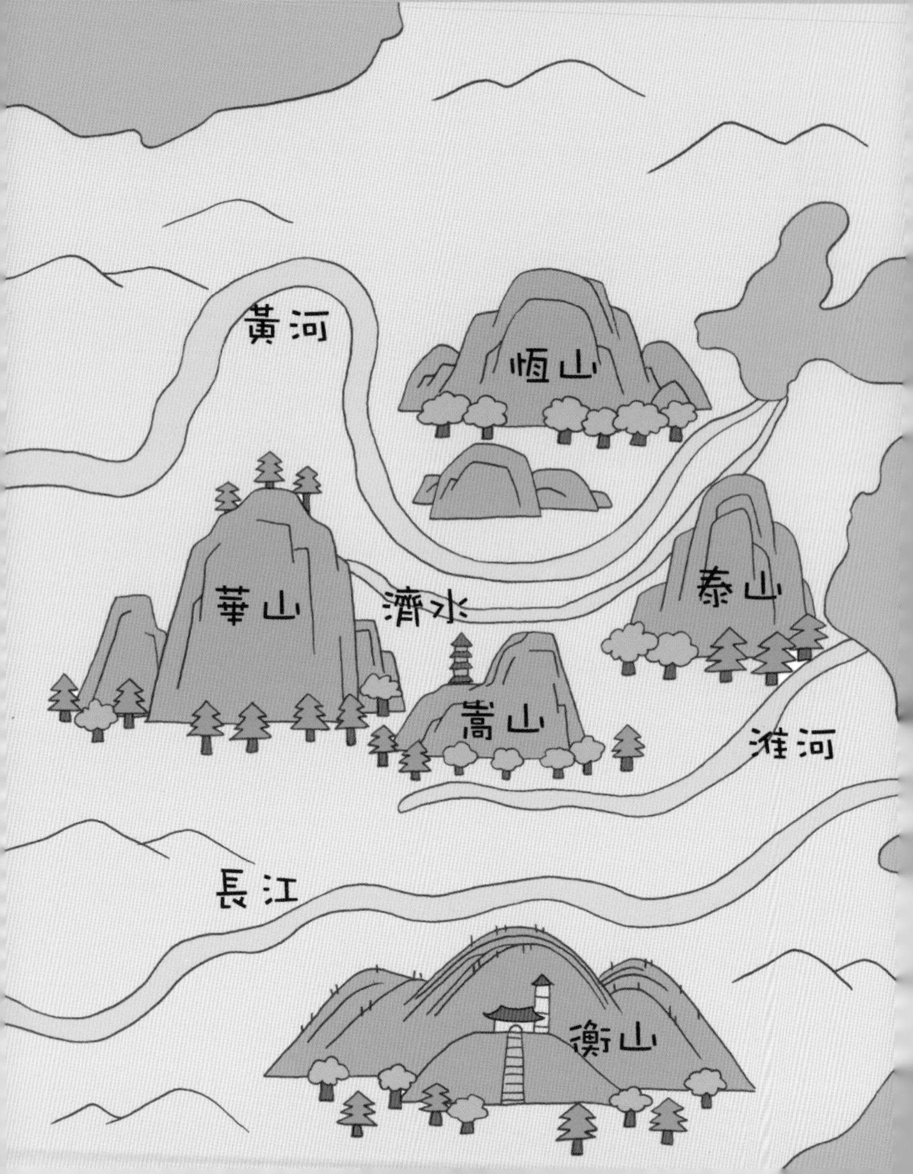

黃河

恆山

華山

濟水

泰山

嵩山

淮河

長江

衡山

曰ㄩㄝ 江ㄐㄧㄤ 河ㄏㄜˊ　曰ㄩㄝ 淮ㄏㄨㄞˊ 濟ㄐㄧˇ

此ㄘˇ 四ㄙˋ 瀆ㄉㄨˊ　水ㄕㄨㄟˇ 之ㄓ 紀ㄐㄧˋ

曰ㄩㄝ 岱ㄉㄞˋ 華ㄏㄨㄚˋ　嵩ㄙㄨㄥ 恆ㄏㄥˊ 衡ㄏㄥˊ

此ㄘˇ 五ㄨˇ 岳ㄩㄝˋ　山ㄕㄢ 之ㄓ 名ㄇㄧㄥˊ

【語文小博士】長江、黃河、淮河以及濟水，這四條河是中國河流的代表。東嶽泰山、西嶽華山、中嶽嵩山、北嶽恆山和南嶽衡山，是中國的五座名山。

曰士ㄕˋ農ㄋㄨㄥˊㄩˋㄝ

曰工商、此四民、國之良…

曰（ㄩㄝ）士（ㄕˋ）農（ㄋㄨㄥˊ）　曰（ㄩㄝ）工（ㄍㄨㄥ）商（ㄕㄤ）

此（ㄘˇ）四（ㄙˋ）民（ㄇㄧㄣˊ）　國（ㄍㄨㄛˊ）之（ㄓ）良（ㄌㄧㄤˊ）

曰（ㄩㄝ）仁（ㄖㄣˊ）義（ㄧˋ）　禮（ㄌㄧˇ）智（ㄓˋ）信（ㄒㄧㄣˋ）

此（ㄘˇ）五（ㄨˇ）常（ㄔㄤˊ）　不（ㄅㄨˋ）容（ㄖㄨㄥˊ）紊（ㄨㄣˋ）

【語文小博士】讀書人、農人、工人、商人是國家不可以缺少的棟樑。仁、義、禮、智、信叫「五常」，是做人處事的標準，應該遵守，不可怠慢疏忽。

地ㄉㄧˋ所ㄙㄨㄛˇ生ㄕㄥ

有草木、此植物、遍水陸…

地_{ㄉㄧ}所_{ㄙㄨㄛ}生_{ㄕㄥ} 有_{ㄧㄡ}草_{ㄘㄠ}木_{ㄇㄨ}

此_ㄘ植_ㄓ物_ㄨ 遍_{ㄅㄧㄢ}水_{ㄕㄨㄟ}陸_{ㄌㄨ}

有_{ㄧㄡ}蟲_{ㄔㄨㄥ}魚_ㄩ 有_{ㄧㄡ}鳥_{ㄋㄧㄠ}獸_{ㄕㄡ}

此_ㄘ動_{ㄉㄨㄥ}物_ㄨ 能_{ㄋㄥ}飛_{ㄈㄟ}走_{ㄗㄡ}

語文小博士 地球上生存的東西有植物和動物，花草樹木是植物，水中、陸地都有；昆蟲、魚類、鳥類和獸類是動物，能在天空飛、陸上走和水中游。

稻ㄉㄠˋ粱ㄌㄧㄤˊ菽ㄕㄨ

麥黍稷、此六穀、人所食…

稻ㄉㄠ 梁ㄌㄤ 菽ㄕㄨ 麥ㄇㄞ 黍ㄕㄨ 稷ㄐㄧ

此ㄘ 六ㄌㄡ 穀ㄍㄨ 人ㄖㄣ 所ㄙㄨㄛ 食ㄕ

馬ㄇㄚ 牛ㄋㄧㄡ 羊ㄧㄤ 雞ㄐㄧ 犬ㄑㄩㄢ 豕ㄕ

此ㄘ 六ㄌㄡ 畜ㄔㄨ 人ㄖㄣ 所ㄙㄨㄛ 飼ㄙ

語文小博士 稻子、小米、豆類、麥子、玉米和高粱稱為六穀，供我們食用。馬、牛、羊、雞、狗、豬叫做六畜，被人飼養，供給我們吃或做勞役的。

曰ㄩ ㄒㄧˇ 喜 怒ㄋㄨˋ

曰哀懼、愛惡欲、七情具…

日ㄩㄝ 喜ㄒㄧˇ 怒ㄋㄨˋ　日ㄩㄝ 哀ㄞ 懼ㄐㄩˋ

愛ㄞˋ 惡ㄨˋ 欲ㄩˋ　七ㄑㄧ 情ㄑㄧㄥˊ 具ㄐㄩˋ

青ㄑㄧㄥ 赤ㄔˋ 黃ㄏㄨㄤˊ　及ㄐㄧˊ 黑ㄏㄟ 白ㄅㄞˊ

此ㄘˇ 五ㄨˇ 色ㄙㄜˋ　目ㄇㄨˋ 所ㄙㄨㄛˇ 識ㄕˋ

【語文小博士】高興、生氣、哀傷、懼怕、喜愛、厭惡和慾望是人的七種情緒反應。我們的眼睛也能夠辨識出青、紅、黃、黑、白這五種顏色。

酸ㄙㄨㄢ 苦ㄎㄨˇ 甘ㄍㄢ

及辛鹹、此五味、口所含…

酸 ㄙㄨㄢ 苦 ㄎㄨ 甘 ㄍㄢ　及 ㄐㄧ 辛 ㄒㄧㄣ 鹹 ㄒㄧㄢ

此 ㄘˇ 五 ㄨ 味 ㄨㄟ　口 ㄎㄡ 所 ㄙㄨㄛ 含 ㄏㄢ

羶 ㄕㄢ 焦 ㄐㄧㄠ 香 ㄒㄧㄤ　及 ㄐㄧ 腥 ㄒㄧㄥ 朽 ㄒㄧㄡ

此 ㄘˇ 五 ㄨ 臭 ㄔㄡ 鼻 ㄅㄧ 所 ㄙㄨㄛ 嗅 ㄒㄧㄡ

{語文小博士} 食物一進入口中，我們就能知道是酸、苦、甜、辣和鹹等味道。鼻子也能夠嗅出羊羶味、燒焦味、香味、魚腥味和腐爛的味道。

匏ㄆㄠˊ土ㄊㄨˇ革ㄍㄜˊ

木石金、與絲竹、乃八音…

匏ㄆㄠˊ 土ㄊㄨˇ 革ㄍㄜˊ 木ㄇㄨˋ 石ㄕˊ 金ㄐㄧㄣ

與ㄩˇ 絲ㄙ 竹ㄓㄨˊ 乃ㄋㄞˇ 八ㄅㄚ 音ㄧㄣ

曰ㄩㄝ 平ㄆㄧㄥˊ 上ㄕㄤˇ 曰ㄩㄝ 去ㄑㄩˋ 入ㄖㄨˋ

此ㄘˇ 四ㄙˋ 聲ㄕㄥ 宜ㄧˊ 調ㄊㄧㄠˊ 協ㄒㄧㄝˊ

【語文小博士】匏瓜、陶土、皮革、木材、玉石、金屬和絲及竹等做成樂器所發出的聲音，叫做八音。平聲、上聲、去聲和入聲是說話音調，發音要正確。

父而身、身而子、子而孫…

高《ㄠ 曾ㄗㄥ 祖ㄗㄨˇ 父ㄈㄨˋ 而ㄦˊ 身ㄕㄣ

身ㄕㄣ 而ㄦˊ 子ㄗˇ 子ㄗˇ 而ㄦˊ 孫ㄙㄨㄣ

自ㄗˋ 子ㄗˇ 孫ㄙㄨㄣ 至ㄓˋ 玄ㄒㄩㄢˊ 曾ㄗㄥ

乃ㄋㄞˇ 九ㄐㄧㄡˇ 族ㄗㄨˊ 人ㄖㄣˊ 之ㄓ 倫ㄌㄨㄣˊ

{語文小博士}「九族」是指長幼尊卑的倫理秩序，它由上而下，依序是：高祖→曾祖→祖父→父親→自己→兒子→孫子→曾孫→玄孫。

父ㄷㄨˋ子ㄗˇ恩ㄣ

夫婦從、兄則友、弟則恭…

父ㄈㄨ 子ㄗˇ 恩ㄣ　夫ㄈㄨ 婦ㄈㄨˋ 從ㄘㄥˊ

兄ㄒㄩㄥ 則ㄗㄜˊ 友ㄧㄡˇ　弟ㄉㄧˋ 則ㄗㄜˊ 恭ㄍㄨㄥ

長ㄓㄤˇ 幼ㄧㄡˋ 序ㄒㄩˋ　友ㄧㄡˇ 與ㄩˇ 朋ㄆㄥˊ

君ㄐㄩㄣ 則ㄗㄜˊ 敬ㄐㄧㄥˋ　臣ㄔㄣˊ 則ㄗㄜˊ 忠ㄓㄨㄥ

【語文小博士】注重父母與子女的恩情，夫婦的和睦；兄姊要愛護弟妹，弟妹要尊敬兄姊；長幼有次序，朋友要講信義；君主敬重臣子，臣子要效忠君主。

此ㄘˇ十ㄕˊ義ㄧˋ

人所同、當順敘、勿違背…

此ㄘˇ 十ㄕˊ 義ㄧˋ　人ㄖㄣˊ 所ㄙㄨㄛˇ 同ㄊㄨㄥˊ

當ㄉㄤ 順ㄕㄨㄣˋ 敘ㄒㄩˋ　勿ㄨˋ 違ㄨㄟˊ 背ㄅㄟ

斬ㄓㄢˇ 齊ㄗ 衰ㄘㄨㄟ　大ㄉㄚˋ 小ㄒㄧㄠˇ 功ㄍㄨㄥ

至ㄓˋ 緦ㄙ 麻ㄇㄚˊ　五ㄨˇ 服ㄈㄨˊ 終ㄓㄨㄥ

〔語文小博士〕上面所說的「十義」，要依照順序去遵守，不要違背。對於斬衰、齊衰、大功、小功、緦麻等父母喪葬時的孝服，要按照習俗，適當的穿。

禮ㄌㄧˇ樂ㄩㄝˋ射ㄕㄜˋ

御書數、古六藝、今不具…

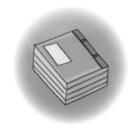

禮ㄌㄧˇ 樂ㄩㄝˋ 射ㄕㄜˋ 御ㄩˋ 書ㄕㄨ 數ㄕㄨˋ

古ㄍㄨˇ 六ㄌㄧㄡˋ 藝ㄧˋ 今ㄐㄧㄣ 不ㄅㄨˋ 具ㄐㄩˋ

惟ㄨㄟˊ 書ㄕㄨ 學ㄒㄩㄝˊ 人ㄖㄣˊ 共ㄍㄨㄥˋ 遵ㄗㄨㄣ

既ㄐㄧˋ 識ㄕˋ 字ㄗˋ 講ㄐㄧㄤˇ 說ㄕㄨㄛ 文ㄨㄣˊ

【語文小博士】禮法、音樂、射箭、駕車、書法和算術是古代讀書人必備的六藝，現在很少人能完全精通了。書法是必須學的，更要研究文字的構造意義。

有ㄧㄡˇ古ㄍㄨˇ文ㄨㄣˊ

大小篆、隸草繼、不可亂…

有ㄧㄡˇ古ㄍㄨˇ文ㄨㄣˊ 大ㄉㄚˋ小ㄒㄧㄠˇ篆ㄓㄨㄢˋ

隸ㄌㄧˋ草ㄘㄠˇ繼ㄐㄧˋ 不ㄅㄨˋ可ㄎㄜˇ亂ㄌㄨㄢˋ

若ㄖㄨㄛˋ廣ㄍㄨㄤˇ學ㄒㄩㄝˊ 懼ㄐㄩˋ其ㄑㄧˊ繁ㄈㄢˊ

但ㄉㄢˋ略ㄌㄩㄝˋ說ㄕㄨㄛ 能ㄋㄥˊ知ㄓ原ㄩㄢˊ

【語文小博士】文字先有古文，再來則是大篆、小篆，接著才有隸書和草書，分清楚不混亂。學問廣大無邊，選擇一門深入，其餘了解來源即可。

凡ㄈㄢˊ訓ㄒㄩㄣˋ蒙ㄇㄥˊ

須講究、詳訓詁、明句讀…

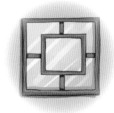

凡ㄈㄢˊ 訓ㄒㄩㄣˋ 蒙ㄇㄥˊ　須ㄒㄩ 講ㄐㄧㄤˇ 究ㄐㄧㄡˋ

詳ㄒㄧㄤˊ 訓ㄒㄩㄣˋ 詁ㄍㄨˇ　明ㄇㄧㄥˊ 句ㄐㄩˋ 讀ㄉㄡˋ

為ㄨㄟˋ 學ㄒㄩㄝˊ 者ㄓㄜˇ　必ㄅㄧˋ 有ㄧㄡˇ 初ㄔㄨ

小ㄒㄧㄠˇ 學ㄒㄩㄝˊ 終ㄓㄨㄥ　至ㄓˋ 四ㄙˋ 書ㄕㄨ

〔語文小博士〕教剛入學的孩童，每個字的含意要講解清楚，讓他們懂得如何斷句。求學問要打好基礎，先學習《小學》之後，再來研究《四書》。

論語者

<ruby>論<rt>カメラ</rt></ruby><ruby>語<rt>ㄩˇ</rt></ruby><ruby>者<rt>ㄓㄜˇ</rt></ruby>

二十篇、群弟子、記善言…

論(ㄌㄨㄣˊ)語(ㄩˇ)者(ㄓㄜˇ)　二(ㄦˋ)十(ㄕˊ)篇(ㄆㄧㄢ)

群(ㄑㄩㄣˊ)弟(ㄉㄧˋ)子(ㄗˇ)　記(ㄐㄧˋ)善(ㄕㄢˋ)言(ㄧㄢˊ)

孟(ㄇㄥˋ)子(ㄗˇ)者(ㄓㄜˇ)　七(ㄑㄧ)篇(ㄆㄧㄢ)止(ㄓˇ)

講(ㄐㄧㄤˇ)道(ㄉㄠˋ)德(ㄉㄜˊ)　說(ㄕㄨㄛ)仁(ㄖㄣˊ)義(ㄧˋ)

【語文小博士】《論語》一書有二十篇，是孔子的學生把他及弟子所說的好話記錄下來，編輯而成。《孟子》共有七篇，全書說明道德和仁義的道理。

作ㄗㄨㄛˋ中ㄓㄨㄥ庸ㄩㄥ

作ㄗㄨㄛˋ 中ㄓㄨㄥ 庸ㄩㄥ 　乃ㄋㄞˇ 孔ㄎㄨㄥˇ 伋ㄐㄧˊ

中ㄓㄨㄥ 不ㄅㄨˋ 偏ㄆㄧㄢ 　庸ㄩㄥ 不ㄅㄨˋ 易ㄧˋ

作ㄗㄨㄛˋ 大ㄉㄚˋ 學ㄒㄩㄝˊ 　乃ㄋㄞˇ 曾ㄗㄥ 子ㄗˇ

自ㄗˋ 修ㄒㄧㄡ 齊ㄑㄧˊ 　至ㄓˋ 平ㄆㄧㄥˊ 治ㄓˋ

{語文小博士} 《中庸》是孔伋所寫，「中」是不偏不倚，「庸」是經久不變。《大學》是曾子所寫，從修身齊家的道理說起，一直說到如何治國平天下。

孝ㄒㄧㄠˋ經ㄐㄧㄥ通ㄊㄨㄥ

四書熟、如六經、始可讀…

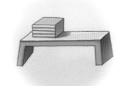

孝_{ㄒㄧㄠˋ}經_{ㄐㄧㄥ}通_{ㄊㄨㄥ}　四_{ㄙˋ}書_{ㄕㄨ}熟_{ㄕㄡˊ}

如_{ㄖㄨˊ}六_{ㄌㄧㄡˋ}經_{ㄐㄧㄥ}　始_{ㄕˇ}可_{ㄎㄜˇ}讀_{ㄉㄨˊ}

詩_ㄕ書_{ㄕㄨ}易_{ㄧˋ}　禮_{ㄌㄧˇ}春_{ㄔㄨㄣ}秋_{ㄑㄧㄡ}

號_{ㄏㄠˋ}六_{ㄌㄧㄡˋ}經_{ㄐㄧㄥ}　當_{ㄉㄤ}講_{ㄐㄧㄤˇ}求_{ㄑㄧㄡˊ}

【語文小博士】《孝經》的道理懂了，再把《四書》讀熟了，就可以閱讀較艱深的詩經、書經、易經、禮記、周禮和春秋等六經，而且要深入研究。

有ㄧㄡˇ連ㄌㄧㄢˊ山ㄕㄢ

有歸藏、有周易、三易詳…

有ㄧㄡˇ連ㄌㄧㄢˊ山ㄕㄢ　有ㄧㄡˇ歸ㄍㄨㄟ藏ㄘㄤˊ

有ㄧㄡˇ周ㄓㄡ易ㄧˋ　三ㄙㄢ易ㄧˋ詳ㄒㄧㄤˊ

有ㄧㄡˇ典ㄉㄧㄢˇ謨ㄇㄛˊ　有ㄧㄡˇ訓ㄒㄩㄣˋ誥ㄍㄠˋ

有ㄧㄡˇ誓ㄕˋ命ㄇㄧㄥˋ　書ㄕㄨ之ㄓ奧ㄠˋ

{語文小博士}《易經》分為連山、歸藏和周易，是用「卦」來說明萬事萬物的循環道理。典謨、訓誥、誓命是《書經》的篇名，也是這本書的重要內容。

我ㄨㄛˇ周ㄓㄡ公ㄍㄨㄥ

作周禮、著六官、存治體…

我ㄨㄛˇ 周ㄓㄡ 公ㄍㄨㄥ 作ㄗㄨㄛˋ 周ㄓㄡ 禮ㄌㄧˇ

著ㄓㄨˋ 六ㄌㄧㄡˋ 官ㄍㄨㄢ 存ㄘㄨㄣˊ 治ㄓˋ 體ㄊㄧˇ

大ㄉㄚˋ 小ㄒㄧㄠˇ 戴ㄉㄞˋ 註ㄓㄨˋ 禮ㄌㄧˇ 記ㄐㄧˋ

述ㄕㄨˋ 聖ㄕㄥˋ 言ㄧㄢˊ 禮ㄌㄧˇ 樂ㄩㄝˋ 備ㄅㄟˋ

【語文小博士】周公作《周禮》，記載了周朝設官的制度，體制完備國家就太平。戴德與戴聖整理、注釋《禮記》，闡揚古人的話，使禮儀制度保存下來。

曰ㄐㄧㄝ 國ㄍㄨㄛˊ 風ㄈㄥ

曰雅頌、號四詩、當諷詠…

日（ㄩㄝ）國（ㄍㄨㄛ）風（ㄈㄥ）　日（ㄩㄝ）雅（ㄧㄚ）頌（ㄙㄨㄥ）

號（ㄏㄠ）四（ㄙ）詩（ㄕ）　當（ㄉㄤ）諷（ㄈㄥ）詠（ㄩㄥ）

詩（ㄕ）既（ㄐㄧ）亡（ㄨㄤ）　春（ㄔㄨㄣ）秋（ㄑㄧㄡ）作（ㄗㄨㄛ）

寓（ㄩ）褒（ㄅㄠ）貶（ㄅㄧㄢ）　別（ㄅㄧㄝ）善（ㄕㄢ）惡（ㄜ）

【語文小博士】國風、大雅、小雅和頌，合稱四詩，記載古時候的詩歌，應該學習背誦。春秋時孔子作《春秋》，對當時政治加以褒揚和批判，辨別善惡。

三ㄙㄢ 傳ㄓㄨㄢˋ 者ㄓㄜˇ

有公羊、有左氏、有穀梁…

三傳者　有公羊

有左氏　有穀梁

經既明　方讀子

撮其要　記其事

{語文小博士} 公羊傳、左傳以及穀梁傳都是解釋《春秋》的書。四書和六經讀通透了，再讀諸子百家的書，但是子書很多，只要選擇重要的，牢記事理。

五ㄨˇ子ㄗˇ者ㄓㄜˇ

有荀揚、文中子、及老莊…

五ㄨˇ子ㄗˇ者ㄓㄜˇ　有ㄧㄡˇ荀ㄒㄩㄣˊ揚ㄧㄤˊ

文ㄨㄣˊ中ㄓㄨㄥ子ㄗˇ　及ㄐㄧˊ老ㄌㄠˇ莊ㄓㄨㄤ

經ㄐㄧㄥ子ㄗˇ通ㄊㄨㄥ　讀ㄉㄨˊ諸ㄓㄨ史ㄕˇ

考ㄎㄠˇ世ㄕˋ系ㄒㄧˋ　知ㄓ終ㄓㄨㄥ始ㄕˇ

{語文小博士}荀子、揚雄、王通、老子和莊子是最重要的學者，號稱「五子」。通曉了經書和子書，再讀各類史書，考察世系，了解它們興衰的原因。

自ㄗˋ羲ㄒㄧˊ農ㄋㄨㄥˊ

至黃帝、號三皇、居上世…

自羲農　至黃帝

號三皇　居上世

唐有虞　號二帝

相揖遜　稱盛世

【語文小博士】伏羲氏、神農氏和黃帝號稱「三皇」，是上古時代的明君。接下來的堯帝和舜帝也非常賢明，都把帝位讓給有才幹的人，創造了太平盛世。

夏[TⅠㄚˋ]有[ㄧㄡˇ]禹[ㄩˇ]

商有湯、周文武、稱三王

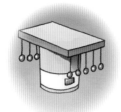

夏ㄒㄧㄚˋ 有ㄧㄡˇ 禹ㄩˇ　　商ㄕㄤ 有ㄧㄡˇ 湯ㄊㄤ

周ㄓㄡ 文ㄨㄣˊ 武ㄨˇ　　稱ㄔㄥ 三ㄙㄢ 王ㄨㄤˊ

夏ㄒㄧㄚˋ 傳ㄔㄨㄢˊ 子ㄗˇ　　家ㄐㄧㄚ 天ㄊㄧㄢ 下ㄒㄧㄚˋ

四ㄙˋ 百ㄅㄞˇ 載ㄗㄞˇ　　遷ㄑㄧㄢ 夏ㄒㄧㄚˋ 社ㄕㄜˋ

〔語文小博士〕夏禹、商湯、周文王與周武王是三代聖
王。夏禹把帝位傳給自己的兒子，從此，天下成了
父傳子的方式，經過四百年以後，就被商朝取代。

湯ㄊㄤ伐ㄈㄚ夏ㄒㄧㄚ

國號商、六百載、至紂亡…

湯（ㄊㄤ）伐（ㄈㄚ）夏（ㄒㄧㄚ）　國（ㄍㄨㄛ）號（ㄏㄠ）商（ㄕㄤ）

六（ㄌㄧㄡ）百（ㄅㄞ）載（ㄗㄞ）　至（ㄓ）紂（ㄓㄡ）亡（ㄨㄤ）

周（ㄓㄡ）武（ㄨ）王（ㄨㄤ）　始（ㄕ）誅（ㄓㄨ）紂（ㄓㄡ）

八（ㄅㄚ）百（ㄅㄞ）載（ㄗㄞ）　最（ㄗㄨㄟ）長（ㄔㄤ）久（ㄐㄧㄡ）

【語文小博士】湯起兵滅了暴虐無道的夏桀，建立了商朝，歷經六百年，到紂王時滅亡。武王時才滅了紂王，建國號為周，傳國八百餘年，是歷代最久的。

周轍東

ㄓㄡ ㄔㄜˋ ㄉㄨㄥ

王綱墜、逞干戈、尚遊說…

周ㄓㄡ轍ㄔㄜˋ東ㄉㄨㄥ　王ㄨㄤˊ綱ㄍㄤ墜ㄓㄨㄟˋ

逞ㄔㄥˇ干ㄍㄢ戈ㄍㄜ　尚ㄕㄤˋ遊ㄧㄡˊ說ㄕㄨㄟˋ

始ㄕˇ春ㄔㄨㄣ秋ㄑㄧㄡ　終ㄓㄨㄥ戰ㄓㄢˋ國ㄍㄨㄛˊ

五ㄨˇ霸ㄅㄚˋ強ㄑㄧㄤˊ　七ㄑㄧ雄ㄒㄩㄥˊ出ㄔㄨ

{語文小博士} 周平王東遷後，王室衰微，諸侯興起，時常發生戰爭，擅於遊說的策士獲得重視。春秋時出現了五個霸主，戰國時有七個強國脫穎而出。

嬴秦氏

始兼併、傳二世、楚漢爭…

嬴ㄥ 秦ㄑㄧㄣ 氏ㄕ　始ㄕ 兼ㄐㄧㄢ 併ㄅㄥ

傳ㄔㄨㄢ 二ㄦ 世ㄕ　楚ㄔㄨ 漢ㄏㄢ 爭ㄓㄥ

高ㄍㄠ 祖ㄗㄨ 興ㄒㄥ　漢ㄏㄢ 業ㄧㄝ 建ㄐㄧㄢ

至ㄓ 孝ㄒㄧㄠ 平ㄆㄥ　王ㄨㄤ 莽ㄇㄤ 篡ㄘㄨㄢ

{語文小博士} 秦王嬴政兼併六國，統一天下，傳到二世時，天下大亂，成了楚漢相爭的局面。高祖劉邦建立漢朝，到了孝平帝時，帝位卻被王莽篡奪了。

光武<ruby>興<rt>ㄒㄧㄥ</rt></ruby>

光<ruby>ㄍㄨㄤ</ruby> 武<ruby>ㄨˇ</ruby> 興<ruby>ㄒㄧㄥ</ruby>

為東漢、四百年、終於獻⋯

光ㄍㄨㄤ武ㄨˇ興ㄒㄧㄥ 為ㄨㄟˊ東ㄉㄨㄥ漢ㄏㄢ

四ㄙˋ百ㄅㄞˇ年ㄋㄧㄢˊ 終ㄓㄨㄥ於ㄩˊ獻ㄒㄧㄢ

蜀ㄕㄨˇ魏ㄨㄟˋ吳ㄨˊ 爭ㄓㄥ漢ㄏㄢˋ鼎ㄉㄧㄥˇ

號ㄏㄠˋ三ㄙㄢ國ㄍㄨㄛˊ 迄ㄑㄧˋ兩ㄌㄧㄤˇ晉ㄐㄧㄣˋ

【語文小博士】光武帝起兵殺了王莽，恢復漢室。漢朝傳了四百餘年，在獻帝時滅亡了。隨後進入了魏、蜀、吳爭雄的三國時代，直到晉朝才統一天下。

宋ㄙㄨㄥˋ齊ㄑㄧˊ繼ㄐㄧˋ

梁陳承、為南朝、都金陵…

北魏

南朝宋

宋ㄙㄨㄥ 齊ㄑㄧ 繼ㄐㄧ 梁ㄌㄧㄤ 陳ㄔㄣ 承ㄔㄥ

為ㄨㄟ 南ㄋㄢ 朝ㄔㄠ 都ㄉㄨ 金ㄐㄧㄣ 陵ㄌㄧㄥ

北ㄅㄟ 元ㄩㄢ 魏ㄨㄟ 分ㄈㄣ 東ㄉㄨㄥ 西ㄒㄧ

宇ㄩ 文ㄨㄣ 周ㄓㄡ 與ㄩ 高ㄍㄠ 齊ㄑㄧ

〔語文小博士〕劉裕滅了東晉後，建了宋，隨後是齊、梁、陳等朝，都建都在金陵。北方也先後成立了北魏、東魏，西魏、北周和北齊，形成了南北朝。

迨ㄌㄞˋ至ㄓˋ隋ㄙㄨㄟˊ

一土宇、不再傳、失統緒…

迨（ㄉㄞ）至（ㄓ）隋（ㄙㄨㄟ）　一（ㄧ）土（ㄊㄨ）宇（ㄩ）

不（ㄅㄨ）再（ㄗㄞ）傳（ㄔㄨㄢ）　失（ㄕ）統（ㄊㄨㄥ）緒（ㄒㄩ）

唐（ㄊㄤ）高（ㄍㄠ）祖（ㄗㄨ）　起（ㄑㄧ）義（ㄧ）師（ㄕ）

除（ㄔㄨ）隋（ㄙㄨㄟ）亂（ㄌㄨㄢ）　創（ㄔㄨㄤ）國（ㄍㄨㄛ）基（ㄐㄧ）

【語文小博士】隋文帝統一了中國，傳位給荒淫無道的煬帝，不久就亡國了。唐高祖李淵率兵起義，平息了天下的亂事，開創了富強康樂的大唐帝國。

二心十尸傳イメ

三百載、梁滅之、國乃改…

二ㄦˋ 十ㄕˊ 傳ㄔㄨㄢˊ 三ㄙㄢ 百ㄅㄞˇ 載ㄗㄞˇ

梁ㄌㄧㄤˊ 滅ㄇㄧㄝˋ 之ㄓ 國ㄍㄨㄛˊ 乃ㄋㄞˇ 改ㄍㄞˇ

梁ㄌㄧㄤˊ 唐ㄊㄤˊ 晉ㄐㄧㄣˋ 及ㄐㄧˊ 漢ㄏㄢˋ 周ㄓㄡ

稱ㄔㄥ 五ㄨˇ 代ㄉㄞˋ 皆ㄐㄧㄝ 有ㄧㄡˇ 由ㄧㄡˊ

【語文小博士】唐朝傳了二十位皇帝,三百多年,被朱全忠所滅,改國號為梁,歷史進入了梁、唐、晉、漢、周等五代,它們的興衰都是有原因的。

炎（一马）宋（ㄙㄨㄥ）興（ㄒㄧㄥ）

受周禪、十八傳、南北混…

炎_{ㄧㄢ} 宋_{ㄙㄨㄥ} 興_{ㄒㄧㄥ}　受_{ㄕㄡ} 周_{ㄓㄡ} 禪_{ㄕㄢ}

十_ㄕ 八_{ㄅㄚ} 傳_{ㄔㄨㄢ}　南_{ㄋㄢ} 北_{ㄅㄟ} 混_{ㄏㄨㄣ}

遼_{ㄌㄧㄠ} 與_ㄩ 金_{ㄐㄧㄣ}　皆_{ㄐㄧㄝ} 稱_{ㄔㄥ} 帝_{ㄉㄧ}

元_{ㄩㄢ} 滅_{ㄇㄧㄝ} 金_{ㄐㄧㄣ}　絕_{ㄐㄩㄝ} 宋_{ㄙㄨㄥ} 世_ㄕ

【語文小博士】趙匡胤篡了後周，建立宋朝，傳了十八位皇帝後，北方外族南侵，呈現出混亂局面。遼和金都建國稱帝，元消滅金國後，再滅了宋朝。

輿ㄩˊ圖ㄊㄨˊ廣ㄍㄨㄤˇ

超前代、九十年、國祚廢…

元朝

輿ㄩ 圖ㄊㄨˊ 廣ㄍㄨㄤˇ 超ㄔㄠ 前ㄑㄧㄢˊ 代ㄉㄞˋ

九ㄐㄧㄡˇ 十ㄕˊ 年ㄋㄧㄢˊ 國ㄍㄨㄛˊ 祚ㄗㄨㄛˋ 廢ㄈㄟˋ

太ㄊㄞˋ 祖ㄗㄨˇ 興ㄒㄧㄥ 國ㄍㄨㄛˊ 大ㄉㄚˋ 明ㄇㄧㄥˊ

號ㄏㄠˋ 洪ㄏㄨㄥˊ 武ㄨˇ 都ㄉㄨ 金ㄐㄧㄣ 陵ㄌㄧㄥˊ

〔語文小博士〕元朝的版圖橫跨歐亞兩洲，超越以前各朝代，但是，只維持九十年就滅亡了。太祖朱元璋建立了明朝，年號為洪武，以金陵為國都。

逼ㄅㄞ成ㄔㄥˊ祖ㄗㄨˇ

遷燕京、十六世、至崇禎…

迨（ㄉㄞˋ）成（ㄔㄥˊ）祖（ㄗㄨˇ）　遷（ㄑㄧㄢ）燕（ㄧㄢ）京（ㄐㄧㄥ）

十（ㄕˊ）六（ㄌㄧㄡˋ）世（ㄕˋ）　至（ㄓˋ）崇（ㄔㄨㄥˊ）禎（ㄓㄣ）

權（ㄑㄩㄢˊ）閹（ㄧㄢ）肆（ㄙˋ）　寇（ㄎㄡˋ）如（ㄖㄨˊ）林（ㄌㄧㄣˊ）

李（ㄌㄧˇ）闖（ㄔㄨㄤˋ）出（ㄔㄨ）　神（ㄕㄣˊ）器（ㄑㄧˋ）焚（ㄈㄣˊ）

〔語文小博士〕到了成祖時，遷都燕京，傳了十六世，崇禎是最後一位皇帝。由於宦官掌握大權，導致流寇四起。李自成攻破北京，明朝就結束了。

清<ruby>世<rt>ㄕ</rt></ruby><ruby>祖<rt>ㄗㄨ</rt></ruby>

膺景命、靖四方、克大定…

清ㄑㄧㄥ 世ㄕ 祖ㄗㄨˇ 膺ㄧㄥ 景ㄐㄧㄥˇ 命ㄇㄧㄥˋ

靖ㄐㄧㄥˋ 四ㄙˋ 方ㄈㄤ 克ㄎㄜˋ 大ㄉㄚˋ 定ㄉㄧㄥˋ

由ㄧㄡˊ 康ㄎㄤ 雍ㄩㄥ 歷ㄌㄧˋ 乾ㄑㄧㄢˊ 嘉ㄐㄧㄚ

民ㄇㄧㄣˊ 安ㄢ 富ㄈㄨˋ 治ㄓˋ 績ㄐㄧ 誇ㄎㄨㄚ

語文小博士 清世祖率兵入關後，平定了四方亂事，百姓才有安定的生活。又經過康熙、雍正、乾隆、嘉慶四位皇帝，百姓富足，治績是值得誇耀的。

道ㄉㄠˋ咸ㄒㄢˊ閒ㄐㄢ

變亂起、始英法、擾都鄙…

道ㄉㄠ 咸ㄒㄧㄢ 間ㄐㄧㄢ 變ㄅㄧㄢ 亂ㄌㄨㄢ 起ㄑㄧ

始ㄕ 英ㄧㄥ 法ㄈㄚ 擾ㄖㄠ 都ㄉㄨ 鄙ㄅㄧ

同ㄊㄨㄥ 光ㄍㄨㄤ 後ㄏㄡ 宣ㄒㄩㄢ 統ㄊㄨㄥ 弱ㄖㄨㄛ

傳ㄔㄨㄢ 九ㄐㄧㄡ 帝ㄉㄧ 滿ㄇㄢ 清ㄑㄧㄥ 歿ㄇㄛ

語文小博士 道光、咸豐年間，變亂接二連三發生，先是英、法聯軍，擾亂京城。同治、光緒時，內憂外患，到了宣統年間，滿清政府就被推翻了。

革ㄍㄜˊ命ㄇㄧㄥˋ興ㄒㄧㄥ

廢帝制、立憲法、建民國…

革ㄍㄜ 命ㄇㄧㄥ 興ㄒㄧㄥ　廢ㄈㄟ 帝ㄉㄧ 制ㄓˋ

立ㄌㄧ 憲ㄒㄧㄢ 法ㄈㄚˇ　建ㄐㄧㄢ 民ㄇㄧㄣ 國ㄍㄨㄛ

古ㄍㄨˇ 今ㄐㄧㄣ 史ㄕˇ　全ㄑㄩㄢ 在ㄗㄞˋ 茲ㄗ

載ㄗㄞ 治ㄓ 亂ㄌㄨㄢˋ　知ㄓ 興ㄒㄧㄥ 衰ㄕㄨㄞ

【語文小博士】辛亥革命後，廢除了君主專政，制定憲法，建立中華民國。中國歷代的太平盛世和紛亂原因都記載在這裡，我們要從中記取教訓和警惕。

史ㄕˇ雖ㄙㄨㄟ餐ㄈㄢˊ

讀有次、史記一、漢書二

史ㄕ雖ㄙㄨㄟ繁ㄈㄢ　讀ㄉㄨˊ有ㄧㄡˇ次ㄘˋ

史ㄕ記ㄐㄧˋ一ㄧ　漢ㄏㄢˋ書ㄕㄨ二ㄦˋ

後ㄏㄡˋ漢ㄏㄢˋ三ㄙㄢ　國ㄍㄨㄛˊ志ㄓˋ四ㄙˋ

兼ㄐㄧㄢ證ㄓㄥˋ經ㄐㄧㄥ　參ㄘㄢ通ㄊㄨㄥ鑑ㄐㄧㄢˋ

【語文小博士】雖然史書很多，但是讀的時候必須按照順序，先讀史記，再讀漢書，然後是後漢書、三國志，同時還要仔細查證經書，再參考資治通鑑。

讀ㄉㄨˊ史ㄕˇ者ㄓㄜˇ

考實錄、通古今、若親目…

讀（ㄉㄨˋ）史（ㄕˇ）者（ㄓㄜˇ）　考（ㄎㄠˇ）實（ㄕˊ）錄（ㄌㄨˋ）

通（ㄊㄨㄥ）古（ㄍㄨˇ）今（ㄐㄧㄣ）　若（ㄖㄨㄛˋ）親（ㄑㄧㄣ）目（ㄇㄨˋ）

口（ㄎㄡˇ）而（ㄦˊ）誦（ㄙㄨㄥˋ）　心（ㄒㄧㄣ）而（ㄦˊ）惟（ㄨㄟˊ）

朝（ㄓㄠ）於（ㄩˊ）斯（ㄙ）　夕（ㄒㄧˋ）於（ㄩˊ）斯（ㄙ）

【語文小博士】研讀歷史，要考察各代的文獻資料，才能夠通曉古今，好像親眼看到。不僅要誦讀，還要用心思考、有恆心，早晚都要抱持這種態度。

昔ㄒㄧˊ仲ㄓㄨㄥˋ尼ㄋㄧˊ

昔（ㄒㄧˊ）仲（ㄓㄨㄥˋ）尼（ㄋㄧˊ）　師（ㄕ）項（ㄒㄧㄤˋ）橐（ㄊㄨㄛˊ）

古（ㄍㄨˇ）聖（ㄕㄥˋ）賢（ㄒㄧㄢˊ）　尚（ㄕㄤˋ）勤（ㄑㄧㄣˊ）學（ㄒㄩㄝˊ）

趙（ㄓㄠˋ）中（ㄓㄨㄥ）令（ㄌㄧㄥˋ）　讀（ㄉㄨˊ）魯（ㄌㄨˇ）論（ㄌㄨㄣˊ）

彼（ㄅㄧˇ）既（ㄐㄧˋ）仕（ㄕˋ）　學（ㄒㄩㄝˊ）且（ㄑㄧㄝˇ）勤（ㄑㄧㄣˊ）

【語文小博士】孔子曾向小孩項橐請教，古時的聖賢尚且如此好學，何況是一般人！宋朝的趙普當了中書令的大官，還在認真、勤奮的研讀《論語》。

披ㄆㄧ蒲ㄆㄨˊ編ㄅㄢ

削竹簡、彼無書、且知勉…

披ㄆㄧ 蒲ㄆㄨ 編ㄅㄧㄢ 削ㄒㄧㄠ 竹ㄓㄨ 簡ㄐㄧㄢ

彼ㄅㄧ 無ㄨ 書ㄕㄨ 且ㄑㄧㄝ 知ㄓ 勉ㄇㄧㄢ

頭ㄊㄡ 懸ㄒㄩㄢ 梁ㄌㄧㄤ 錐ㄓㄨㄟ 刺ㄘ 股ㄍㄨ

彼ㄅㄧ 不ㄅㄨ 教ㄐㄧㄠ 自ㄗ 勤ㄑㄧㄣ 苦ㄎㄨ

語文小博士 路溫舒和公孫弘家貧,把借來的書抄在蓆子或竹簡上閱讀,他們沒有書,卻知道勤學。孫敬懸梁、蘇秦用針刺大腿,是警惕自己要認真。

如囊螢

如映雪、家雖貧、學不輟

如（ㄖㄨ）囊（ㄋㄤ）螢（ㄧㄥ）　如（ㄖㄨ）映（ㄧㄥ）雪（ㄒㄩㄝ）

家（ㄐㄧㄚ）雖（ㄙㄨㄟ）貧（ㄆㄧㄣ）　學（ㄒㄩㄝ）不（ㄅㄨ）輟（ㄔㄨㄛ）

如（ㄖㄨ）負（ㄈㄨ）薪（ㄒㄧㄣ）　如（ㄖㄨ）掛（ㄍㄨㄚ）角（ㄐㄧㄠ）

身（ㄕㄣ）雖（ㄙㄨㄟ）勞（ㄌㄠ）　猶（ㄧㄡ）苦（ㄎㄨ）卓（ㄓㄨㄛ）

【語文小博士】車胤抓螢火蟲照明、孫康利用雪地反光讀書，家境貧苦，卻努力不懈。朱買臣邊挑柴邊讀書、李密把書掛在牛角上讀，求學精神令人佩服。

蘇ㄙㄨ老ㄌㄠˇ泉ㄑㄩㄢˊ 二ㄦˋ十ㄕˊ七ㄑㄧ

始ㄕˇ發ㄈㄚ憤ㄈㄣˋ 讀ㄉㄨˊ書ㄕㄨ籍ㄐㄧˊ

彼ㄅㄧˇ既ㄐㄧˋ老ㄌㄠˇ 猶ㄧㄡˊ悔ㄏㄨㄟˇ遲ㄔˊ

爾ㄦˇ小ㄒㄧㄠˇ生ㄕㄥ 宜ㄧˊ早ㄗㄠˇ思ㄙ

【語文小博士】蘇洵到了二十七歲時才發憤用功讀書，他很後悔以前沒有把握光陰努力。你們這些年輕小孩，應該仔細想想，趁早用功，免得將來後悔。

若ㄖㄨㄛˋ梁ㄌㄧㄤˊ灝ㄏㄠˋ

八十二、對大廷、魁多士⋯

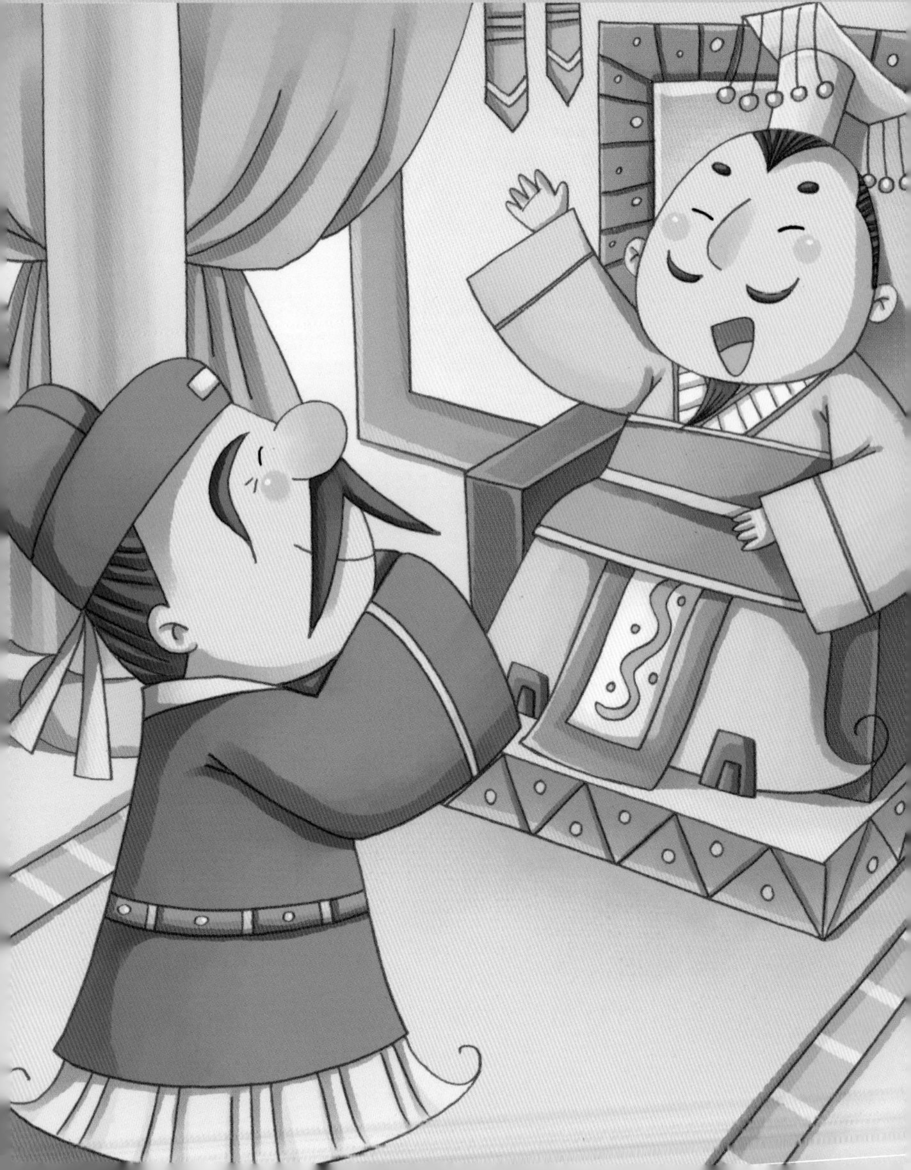

若（ㄖㄨㄛˋ）梁（ㄌㄧㄤˊ）灝（ㄏㄠˇ）　八（ㄅㄚ）十（ㄕˊ）二（ㄦˋ）

對（ㄉㄨㄟˋ）大（ㄉㄚˋ）廷（ㄊㄧㄥˊ）　魁（ㄎㄨㄟˊ）多（ㄉㄨㄛ）士（ㄕˋ）

彼（ㄅㄧˇ）既（ㄐㄧˋ）成（ㄔㄥˊ）　眾（ㄓㄨㄥˋ）稱（ㄔㄥ）異（ㄧˋ）

爾（ㄦˇ）小（ㄒㄧㄠˇ）生（ㄕㄥ）　宜（ㄧˊ）立（ㄌㄧˋ）志（ㄓˋ）

【語文小博士】梁灝到了八十二歲才考上狀元，在朝
回答皇帝問話時，別人都不如他。這麼老才考上，
大家都佩服他的毅力，你們這些小孩要及早立志。

瑩ㄧㄥ八ㄅㄚ歲ㄙㄨㄟˋ

能咏詩、泌七歲、能賦碁…

瑩ㄧㄥˊ 八ㄅㄚ 歲ㄙㄨㄟˋ 能ㄋㄥˊ 咏ㄩㄥˇ 詩ㄕ

泌ㄇㄧˋ 七ㄑㄧ 歲ㄙㄨㄟˋ 能ㄋㄥˊ 賦ㄈㄨˋ 碁ㄑㄧˊ

彼ㄅㄧˇ 穎ㄧㄥˇ 悟ㄨˋ 人ㄖㄣˊ 稱ㄔㄥ 奇ㄑㄧˊ

爾ㄦˇ 幼ㄧㄡˋ 學ㄒㄩㄝˊ 當ㄉㄤ 效ㄒㄧㄠˋ 之ㄓ

【語文小博士】祖瑩八歲就能吟詩，李泌七歲就能以下棋為題作文章。他們雖然天賦比他人強，但是卻仍然努力讀書，你們在開始求學時，應該效法他們。

蔡ㄘㄞˋ文ㄨㄣˊ姬ㄐㄧ

能辨琴、謝道韞、能咏吟…

蔡ㄘㄞˋ文ㄨㄣˊ姬ㄐㄧ　能ㄋㄥˊ辨ㄅㄧㄢˋ琴ㄑㄧㄣˊ

謝ㄒㄧㄝˋ道ㄉㄠˋ韞ㄩㄣˋ　能ㄋㄥˊ咏ㄩㄥˇ吟ㄧㄣˊ

彼ㄅㄧˇ女ㄋㄩˇ子ㄗˇ　且ㄑㄧㄝˇ聰ㄘㄨㄥ敏ㄇㄧㄣˇ

爾ㄦˇ男ㄋㄢˊ子ㄗˇ　當ㄉㄤ自ㄗˋ警ㄐㄧㄥˇ

【語文小博士】蔡文姬音樂天賦很高,能辨別音律,謝道韞能夠寫出好詩,她們雖然是女子,卻這麼聰慧敏捷,你們身為男子的,更要自我警惕。

唐劉晏

方七歲、舉神童、作正字…

唐ㄊㄤ 劉ㄌㄡ 晏ㄧㄢ　方ㄈㄤ 七ㄑㄧ 歲ㄙㄨㄟ

舉ㄐㄩ 神ㄕㄣ 童ㄊㄨㄥ　作ㄗㄨㄛ 正ㄓㄥ 字ㄗ

彼ㄅㄧ 雖ㄙㄨㄟ 幼ㄧㄡ　身ㄕㄣ 已ㄧ 仕ㄕ

有ㄧㄡ 為ㄨㄟ 者ㄓㄜ　亦ㄧ 若ㄖㄨㄛ 是ㄕ

（語文小博士）唐朝的劉晏被稱為神童，七歲時就通過考試當了正字的官。他雖然年紀還小，卻已經當官了，你們應該以他為榜樣，將來才能夠出人頭地。

犬ㄑㄩㄢˇ 守ㄕㄡˇ 夜ㄧㄝˋ

雞司晨、苟不學、曷為人⋯

犬ㄑㄩㄢ守ㄕㄡ夜ㄧㄝ　雞ㄐㄧ司ㄙ晨ㄔㄣ

苟ㄍㄡ不ㄅㄨ學ㄒㄩㄝ　曷ㄏㄜ為ㄨㄟ人ㄖㄣ

蠶ㄘㄢ吐ㄊㄨ絲ㄙ　蜂ㄈㄥ釀ㄋㄧㄤ蜜ㄇㄧ

人ㄖㄣ不ㄅㄨ學ㄒㄩㄝ　不ㄅㄨ如ㄖㄨ物ㄨ

〔語文小博士〕狗在晚上會替人看門，雞會在早上叫人
起床；蠶會吐絲給人製衣，蜜蜂會釀蜜給人吃，你
不努力求學，對社會沒貢獻，連動物都不如。

幼ㄧㄡˋ而ㄦˊ學ㄒㄩㄝˊ

壯而行、上致君、下澤民…

科舉

幼_{ㄧㄡˋ}而_ㄦ學_{ㄒㄩㄝ}　壯_{ㄓㄨㄤˋ}而_ㄦ行_{ㄒㄧㄥ}

上_{ㄕㄤˋ}致_{ㄓˋ}君_{ㄐㄩㄣ}　下_{ㄒㄧㄚˋ}澤_{ㄗㄜˊ}民_{ㄇㄧㄣˊ}

揚_{ㄧㄤˊ}名_{ㄇㄧㄥˊ}聲_{ㄕㄥ}　顯_{ㄒㄧㄢˇ}父_{ㄈㄨˋ}母_{ㄇㄨˇ}

光_{ㄍㄨㄤ}於_{ㄩˊ}前_{ㄑㄧㄢˊ}　裕_{ㄩˋ}於_{ㄩˊ}後_{ㄏㄡˋ}

【語文小博士】年幼時好好學習，長大就要貢獻所學，報效國家，為百姓謀福利。不僅有好名聲，還可以使父母感到光榮，光宗耀祖，使子孫得到庇蔭。

人ﾖ ﾚ ﾘ 遺ﾚ 子ﾛ

金滿籝、我教子、惟一經⋯

人遺子　金滿籯

我教子　惟一經

勤有功　戲無益

戒之哉　宜勉力

【語文小博士】一般人留給子孫的是錢財，我卻只留這本經典教導子孫。只要你肯勤奮用功，都會有好成果，只顧著玩沒有益處，要警惕自己，勤勉努力。

幼兒三字經念謠

- 社長 / 許丁龍

- 編輯 / 風車編輯製作

- 出版 / 風車圖書出版有限公司

- 代理 / 三暉圖書發行有限公司

- 地址 / 221新北市汐止區福德一路392巷23號之1

- 電話 / 02-2695-9502

- 傳真 / 02-2695-9510

-統編 / 89595047

- 網址 / www.windmill.com.tw

- 劃撥 / 14957898

- 戶名 / 三暉圖書發行有限公司

- 再版 / 2014年06月